AF330466

UNION PATRIOTIQUE

ET

NOUVEAU DRAPEAU

A L'ADRESSE

DES REPRÉSENTANTS & DES HONNÊTES GENS

DE TOUS LES PARTIS

Cuique suum, suumque loco
A chacun le sien et le sien à sa place.

DRAGUIGNAN,

IMPRIMERIE DE C. ET A. LATIL, BOULEVARD DE L'ESPLANADE, 4.

AOUT 1881.

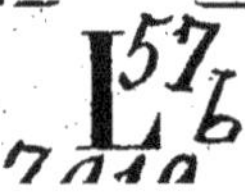

UNION PATRIOTIQUE

ET

NOUVEAU DRAPEAU.

UNION PATRIOTIQUE

ET

NOUVEAU DRAPEAU

A L'ADRESSE

DES REPRÉSENTANTS & DES HONNÊTES GENS

DE TOUS LES PARTIS

Cuique suum, suumque loco
A chacun le sien et le sien à sa place.

DRAGUIGNAN,

IMPRIMERIE DE C. ET A. LATIL, BOULEVARD DE L'ESPLANADE, 4.

AOUT 1881.

UNION PATRIOTIQUE

ET

NOUVEAU DRAPEAU.

La France, comme nation, a pour premiers devoirs de se conserver et de se perfectionner.

Pour se conserver et se perfectionner, deux ordres de biens, constitutifs de ses premiers droits, lui sont indispensables ; à savoir : en première ligne, l'indépendance et la paix, au dehors ; au second rang, l'ordre, la sécurité et la liberté, au dedans.

Rien ne saurait ici mieux établir si la France a à cœur ses devoirs et ses droits primordiaux, que les deux évènements les plus déplorables et les plus désastreux de notre époque. En effet, d'une part, par l'immense sacrifice qu'elle a fait de son sang, de son or, de deux chères provinces, pour sauvegarder son indépendance et avoir la paix, en face de la dernière invasion allemande ; et d'autre part, par la répression de l'insurrection formidable de Paris, qui sous le nom de Commune révolutionnaire, menaçait terriblement l'ordre, la sécurité et la liberté, la France n'a-t-elle pas manifestement et puissamment témoigné qu'elle ne voulait point périr ; qu'elle prétendait au contraire se survivre et poursuivre le cours paisible de son travail et de son perfectionnement ; en un mot, qu'elle aspirait à reprendre son libre essor national ? D'ailleurs, encore aujourd'hui, pourrions-nous ne pas considérer les merveilleux produits de la section française, étalés à l'envi au sein de l'exposition universelle de 1878, à Paris, comme une éminente manifestation, disons plus, comme une éclatante sanction des sentiments pacifiques de la France et de son profond dévouement au travail et à son perfectionnement?

Néanmoins ce qui, à l'intérieur, prive la France du degré de liberté qu'elle pourrait supporter, c'est la division et la multiplicité des partis qui existent et qui perpétuent les luttes et les culbutes politiques, au détriment de l'étude consciencieuse et de la véritable assiette des grandes questions sociales.

Aussi dans ce travail succint et hâtivement dérobé aux exigences de nos occupations spéciales, travail offert ici au public et ayant pour but ultérieur le progrès de la liberté par l'union patriotique, allons-nous nous efforcer d'abord de réprimer sommairement les divers partis qui divisent le pays et qui ont pour résultante commune l'instabilité des gouvernements déjà tant de fois réalisée et incessamment l'imminence d'une instabilité nouvelle.

Nous demanderons ensuite à la froide raison politique les vraies bases qui doivent supporter le seul édifice social stable possible, celui en harmonie avec notre situation géographique et nos mœurs actuelles. Nous chercherons enfin à obtenir l'assentiment de tous les prétendants au trône de France, ainsi que l'unification de tous les partis, par un nouveau mode d'organisation gouvernementale et par son plus digne couronnement sous un nouveau drapeau qui en symbolisant les droits et les devoirs de tous, la part légitime de chacun, appellera toutes les opinions à se fusionner, à ne plus former qu'un seul et grand parti d'union patriotique, à l'ombre d'emblèmes conciliateurs du passé et du présent, emblèmes dès lors majestueux, de dignité et d'union, qui arboreront, pour le dehors, la force, la grandeur, l'indépendance de la nation, et, pour le dedans, la suprême garantie de l'ordre, de la sécurité et de la liberté.

§ Ier.

Ce qui prive la France, avons-nous déjà dit, du degré de liberté qui est compatible avec sa situation actuelle, c'est la division et la multiplicité des partis, distingués les uns des autres par leurs intérêts ou par leurs opinions, par leurs passions ou par leurs illusions. Mais quelles que soient les nuances variées qui les distinguent, on peut les réduire à quatre principaux, qui sont : les impérialistes, les démocrates radicaux, les royalistes et les républicains. Essayons donc de réprimer ici sommairement les divers partis qui s'agitent, parce que tous tendent à donner à la France des formes de gouvernement qui ne peuvent lui convenir, qui ne lui conviennent pas encore ou qui ne lui conviennent plus. Que tous ces partis cherchent plutôt par leurs travaux à améliorer la situation morale et intellectuelle, financière et commerciale, industrielle et agricole du pays, et la société française se réformera d'elle-même, sans qu'ils aient besoin de la réformer à leur fantaisie. Ce ne sont pas en effet les hommes qui font les gouvernements d'après leurs idées ou d'après leurs passions, ce sont les gouvernements qui se font eux-mêmes d'après la situation et les mœurs des hommes. Dieu fit bien l'homme à son image, mais c'est la société elle-même qui se fait à l'image de l'homme.

1° *Impérialistes.* — Les impérialistes veulent une monarchie absolue telle qu'elle a existé sous Napoléon Ier et Napoléon III. Ils veulent que le pouvoir appartienne à un seul, au prince, premier héritier du nom, n'importe que ce prince parvienne à s'en emparer, dans les circonstances présentes, par un nouveau coup d'Etat qui serait ensuite sanctionné par un commode plébiscite et soutenu par la proscription.

Les uns, mus par leur ambition, réclament le gouvernement d'un seul pour gouverner en son nom et pour profiter de ses faveurs, c'est le parti des courtisans et des cupides. Les autres, sous une certaine appréhension pour la sécurité de leur personne et de leurs biens, et encore imbus d'un souvenir trop inconscient d'une tranquillité et d'une prospérité factices, soupirent après le retour du gouvernement Césarien, comme seul capable de maîtriser la démagogie, de garantir le peuple des malheurs de l'anarchie; c'est le parti de la peur. Les uns et les autres sont aveuglés par leurs intérêts privés.

Après une double expérience faite du Césarisme impérial, sous deux bras puissants qui, bien qu'ayant régné avec gloire, n'ont pas moins suscité les plus grands maux, les vrais intérêts du pays ne sont plus aujourd'hui dans le retour d'un tel régime qui achèverait fatalement sa ruine.

On sait que l'empire a eu d'heureuses prémices ; mais quand ces prémices entraînent avec elles deux coups de force, tels que le 18 brumaire et le 2 décembre, l'enlèvement du duc d'Enghein à Ettenheim et sa prompte exécution au château de Vincennes, la proscription et la déportation d'un grand nombre de citoyens, un tel régime, usurpateur du pouvoir, obligé de s'étayer sur une armée compacte de privilégiés, et sur l'appel au peuple par la méthode plébiscitaire qui favorise la politique d'aventure, un tel régime, disons-nous, ne peut que diviser pour régner, devenir oppresseur de la liberté, aventurier de la fortune et du sang français, et finir par les abîmes et les conséquences désastreuses de Watterloo et de Sédan.

Il est donc impolitique, anti-libéral et anti-patriotique d'opiner pour un nouveau César.

Toutefois pour ne pas cesser d'être juste envers la famille des Bonaparte, nous ne pouvons nous dispenser de croire que la Providence, en suscitant d'emblée un aussi grand génie, parmi les Napoléon, n'ait pas voulu faire d'eux les princes titrés de la Révolution. C'est à ce titre que nous réserverons dans la constitution du nouveau drapeau, la place qu'il convient pour cette grande famille qui, par ses services rendus, par ses gloires militaires et après un règne de quarante ans a droit à la reconnaissance publique et au second rang de domicile en France, comme famille princière.

2° *Démocrates.* — A côté des impérialistes qui veulent donner à la France une forme obsolue de gouvernement qui ne lui convient plus, réprimons les démocrates radicaux qui, sous prétexte d'extirper jusqu'à la racine de tout abus, veulent lui en donner une qui ne peut lui convenir.

Les démocrates radicaux comprennent différents groupes. Les uns, sous la funeste inspiration de doctrines socialistes, ou communistes, sont plus spécialement des théoriciens épris d'un idéal réformateur qui ne saurait prévaloir à cause de sa non viabilité. Les socialistes ont puisé leur idéal révolutionnaire non pas chez les constituants, non plus dans la gironde, mais dans la montagne, et encore dans une partie de la montagne, dans le jacobinisme, en un mot dans la petite église de Robespierre et de St Just, qu'ils considèrent comme l'incarnation de l'idée révolutionnaire. Ces théoriciens jugeant ainsi, que la révolution française, sauf la période Jacobine, n'a été faite que par la liberté individuelle et pour le droit individuel, par et pour la bourgeoisie, veulent, dans leur utopie, une révolution nouvelle qui soit faite par et pour le peuple, par et pour le principe d'une fraternité, malsaine au fond. Ils rêvent pour la société toute entière, c'est-à-dire pour l'État, un rôle d'arbitre souverain entre tous les intérêts humains, de tuteur des faibles contre les forts, des pauvres contre les riches. En un mot, ils poursuivent une démocratie égalitaire et autoritaire, une égalité absolue telle qu'elle n'a jamais existé dans une société civilisée, parce qu'il ne peut y avoir dans une société civilisée qu'une égalité proportionnelle ou une égalité avec des conditions égales. — Les communistes qui veulent abolir toute propriété individuelle et mettre tous les biens en commun, sont également des théoriciens étrangers à la politique positive et incapables d'exercer le pouvoir; car dans une société civilisée on ne peut détruire toute émulation parmi les hommes, soit de travail, de richesse, de science ou de vertu, qui garderont toujours leur supériorité naturelle.

Parmi les démocrates radicaux, se rangent en outre bon nombre d'esprits ambitieux, intéressés, jaloux et cupides, lesquels, bien que non convaincus du fond des doctrines socialistes et communistes que nous venons de réprimer et qui ont surtout pour adeptes la généralité des ouvriers fainéants et besoigneux de nos villes et de nos campagnes (1), ne dédaignent pas, pour

---

(1) Même de nos jours et plus que jamais ces doctrines s'internationalisent dans une association secrète des travailleurs, l'Internationale, dont le programme peut se résumer aux trois termes suivants . Collectivisme, Anarchie et Fédération libre. Voici en effet le fond d'un tel programme : Révolution chez toutes les nations ; soulèvemeut de la majorité fainéante, qui ne possède rien ou qui possède peu, pour la destruction des divers Etats Européens et l'effacement des classes parmi les citoyens. Il ne faut plus d'hommes qui gouvernent, ni de République, serait-elle la plus radicale possible. Il ne faut plus qu'il existe de propriétés particulières ; le sol appartient à tous et est du domaine de tous ; ainsi que les machines, les ustensiles et en général tous les instruments du travail. Il doit suffire,

satisfaire leur avidité personnelle et parvenir à jouer un rôle plus ou moins important, de s'en servir d'échelons, soit en acquérant une fausse popularité par certaines déclamations sonores qui sont le jargon accoutumé des réunions démocratiques, soit en affichant devant elles un vague programme de radicalisme (1) qu'ils savent bien être au fond plutôt dissolvant et anti-social que progressiste et réformateur. Aussi, à coup sûr, si l'un des chefs ayant fait son chemin par ces échelons parvenait un jour au pou-

---

pour satisfaire tous les besoins humains, que les individus se groupent librement pour former partout des communes et y travailler chacun suivant ses aptitudes et selon les spécialités des lieux ; et enfin que les communes se fédéralisent aussi entre elles pour se venir réciproquement à bien et se compléter dans toutes les nécessités et circonstances: Quelle belle chose que vive la Commune ! vivent les communes fédérées ! si au fond ce n'était sauvage, écœurant.

(1) Le programme radical comprend surtout les articles suivants : Amnistie pleine et entière; Abolition de l'état de siège ; Liberté absolue de la presse et des associations ; Réarmement de la garde nationale ; Instruction gratuite, obligatoire et laïque ; Séparation de l'église et de l'Etat ; Impôt progressif et dégrèvement du travail ; Elections des maires par les conseils municipaux ; Elections des juges par les justiciables ; Abolition de la peine de mort.

De l'examen article par article de ce programme se dégagerait nettement l'esprit suivant de radicalisme.

Le radicalisme est le chemin qui mène au désordre et à l'anarchie. Il a soin d'envelopper ses desseins factieux, dans des formules vagues, sournoises, conçues de manière à ne pas effaroucher les ignorants et les timides. Il est à la fois profondément subversif et profondément hypocrite.

Avec quel art perfide n'a-t-il pas conçu son plan de destruction sociale.

Par l'amnistie, l'abolition de l'étai de siège, la licence de la presse et le rétablissement des clubs, il lance un ennemi furieux contre la société sans défense.

Quand tout est renversé, il reconstruit un monde à sa guise. Il donne des armes à des cohues de citoyens sans discipline. Il chasse Dieu de l'école ; il le chasse de l'Etat, de la famille ; il le chasse de sa propre maison en détruisant l'Eglise. Il poursuit le riche l'épée aux reins et le taxe arbitrairement, lui donnant pour toute garantie son équité. Il rompt les liens qui attachent la commune à l'Etat, fonde 36,000 petites souverainetés et brise notre grande unité française. Il transforme le juge en candidat des justiciables et ravale ainsi la justice.

Et tous ces méfaits il les accomplit sous les beaux noms d'humanité, de conciliation, de progrès des lumières, de liberté des cultes, d'égalité devant l'impôt, d'émancipation et de réhabilitation de la justice.

Puis quand il a fini son œuvre, quand il a allumé toutes les passions basses, déchaîné l'impiété contre la religion, soufflé la haine au pauvre contre le riche empoisonné l'enfance, avili les juges et insurgé les communes, il affaibli autant que possible la répression pénale en abolissant la peine de mort !

voir; au lieu de précipiter d'emblée la France sous la pratique
d'institutions ou lois désorganisatrices qu'il aurait antérieure-
ment prônées, il saurait se garder de tels excès ou folie et étonne-
rait peut-être le monde par une volte-face de raison.

~ Enfin sous le drapeau de la démocratie radicale, se range une
tourbe révolutionnaire sans conscience mais non sans passions,
qui poursuit la fortune en pratiquant l'industrie des révolutions
et qui veut vivre de désordre, de pillage, d'incendie et de meurtre.

Et maintenant quelle juste part pouvons-nous réserver à la
démocratie radicale dans la constitution du nouveau drapeau ?
l'emblème de la fraternité ; non pas cette fraternité, telle qu'elle
l'entend, qui fait la guerre à la liberté et au droit individuel acquis
avec tant d'efforts par la révolution française, et qui est au fond
un principe de haine des classes, au lieu d'être un principe
d'union ; mais une fraternité qui rappelle à l'autorité établie qu'il
y a dans la société des faibles et des forts et qu'elle doit avant
tout servir de refuge paternel aux premiers, soit en ouvrant des
travaux, soit en cherchant à améliorer les relations sociales entre
les hommes, soit enfin en favorisant les esprits investigateurs
qui travaillent dans cette voie. Pour les démocrates qui peuvent
croire au rapide avènement du radicalisme et au triomphe de son
programme, il nous suffira ici de leur faire présager que son
règne serait court et troublé et on ne peut plus malheureux pour
la France par ses conséquences redoutables. Au fond, la France
n'aspire qu'à vivre en paix pour se livrer à ses travaux et à son
perfectionnement. Elle veut donc avancer mais avancer par de-
grés suivant la situation acquise pour avancer sûrement. En la
poussant trop en avant, on la précipiterait dans un gouffre
certain.

3° Entre le parti des impérialistes et celui des démocrates
radicaux divisés par leurs intérêts et leurs passions, il en est
deux autres qui sont divisés par leurs opinions et qui veulent
chacun faire triompher la théorie politique qui lui semble le
mieux garantir le bonheur public, but ultérieur de toutes les
sociétés humaines. L'un veut la royauté, parce que cette forme
de gouvernement lui paraît être la plus stable et la plus propre
à allier dans un grand État, comme la France, les droits de la

personne avec ceux de la propriété; l'autre veut la République, parce que cette forme de gouvernement, tout en alliant les droits de la propriété avec ceux de la personne, lui paraît la plus favorable à la dignité de l'homme et à sa grandeur morale; le premier veut un roi à vie et héréditaire, parce qu'il regarde l'hérédité comme la pierre angulaire de l'édifice social, et la première garantie du repos du peuple; l'autre, en haine de l'arbitraire inhérent à la royauté, ne veut qu'un magistrat suprême ou président, organe temporaire du pouvoir.

Royalistes. — Les royalistes sont divisés entre eux. Il y a en eux l'extrême droite, une droite, un centre droit. Les premiers, partisans de la royauté ancienne, croyants convaincus, fidèles serviteurs d'un principe inflexible, habitués de tout temps à penser qu'en dehors de leur église il n'y a point de salut, veulent rétablir l'ancien régime, tel qu'il existait avant la révolution de 89, comme si aucune révolution n'avait existé et n'eût rien détruit. Ils veulent recomposer le gouvernement ancien, comme si tous les éléments existaient encore. Ils veulent enfin reconstruire sur l'ancien plan, sans avoir égard à nos besoins nouveaux et à nos opinions nouvelles. Nous considérons cette fraction extrême, comme aveuglée par ses préjugés, comme fermant les yeux à la lumière, et ne voulant pas voir ce qui est. La révolution a existé; et tout en détestant ses crimes, il est impossible de méconnaître ses bienfaits. Nous avions un gouvernement absolu, et il nous faut un gouvernement modéré; elle a affranchi les personnes, les propriétés, l'industrie, le commerce; elle a consacré les formes du gouvernement représentatif et rendu au peuple ses droits. Tant et de si grands bienfaits ne peuvent pas être méconnus. Il faut donc conserver de la révolution ce qu'elle a produit de bon et ne rejeter que ce qu'elle a produit de mauvais.

Les royalistes de la droite sont des hommes plus tempérés et moins absolus qui ne veulent de la monarchie légitime que si elle s'incline devant les principes de la révolution française. Ils veulent une monarchie modérée et dont les principes ont été consacrés dans la charte octroyée de 1814, qui proclame l'égalité devant la loi, la liberté individuelle, le respect de conscience, la tolérance de la manifestation de la pensée, l'admissibilité de tous les citoyéns indistinctement aux emplois, la répartition des charges selon les facultés et d'après le consentement des représentants héréditaires et électifs de la nation, l'inviolabilité de la propriété, le jury, etc. Sans doute les principes de liberté étaient dans la charte, mais l'arbitraire resta au pouvoir et dans l'administration. Aujourd'hui la souveraineté du peuple ne voudrait pas qu'un roi lui imposât sa constitution, mais plutôt qu'il la discutât avec ses représentants. Elle ne voudrait pas d'une monarchie avec pairie héréditaire, avec idée trop aristocratique, trop sacerdotale et insuffisamment démocratique. Ici le roi règne et gouverne encore avec trop de prérogatives et s'étaie sur un principe de permanence et d'hérédité imcompatible avec les ordonnances de juillet qui précipitèrent la royauté de Charles X.

Enfin comme dernière subdivision des royalistes et sans nous préoccuper ici du résultat de la démarche du comte de Paris à Frohsdorf, le centre droit comprend ceux qui veulent un roi qui règne et ne gouverne pas. C'est la monarchie constitutionnelle, c'est le gouvernement parlementaire de Juillet. Sans doute la monarchie de Juillet est de tous les gouvernements de la France celui que l'on peut considérer comme ayant été le plus en harmonie avec la volonté nationale. Mais la nation a appris qu'il ne peut exister de roi impersonnel, de volonté sans volonté, de pensée sans pensée. Cette monarchie s'est défiée du pays en résistant avec une ténacité systématique à l'extension du suffrage. Sans doute l'opinion ne réclamait pas l'extension subite et démesurée du droit de suffrage; mais une extension graduelle eût été un gage de confiance au pays que les gouvernants d'alors ont refusé et un perfectionnement dans le sens libéral que le pays pouvait supporter. La volonté nationale ne voudrait plus aujourd'hui d'une oligarchie à un sens trop élevé.

Après avoir réprimé les royalistes tels que nous croyons qu'ils existent en France, c'est ici le lieu de dire que nous sommes loin de bannir, comme on le verra bientôt ci-après, le droit, la raison, l'autorité monarchiques. Une digne et juste part leur sera faite dans la constitution du nouveau drapeau et dans le couronnement de l'édifice.

4° *Républicains.* — Les républicains soi-disant d'aujourd'hui veulent le gouvernement du pays par le pays et se subdivisent en plusieurs groupes. Nous nous abstiendrons de les considérer dans leurs subdivisions et même d'examiner en détail l'organisation de cette république, devant nous borner à la répression générale suivante.

Le gouvernement du pays par le pays d'aujourd'hui n'est qu'un édifice social érigé sur un terrain par trop mouvant. Les fissures nombreuses qui l'entr'ouvrent présagent l'effondrement certain.

D'abord la république conservatrice, modérée, aimable, démocratique, n'importe le qualificatif dont on la décore, ne saurait être vivace dans un pays grand et situé, comme la France, au centre des diverses puissances monarchiques de l'Europe.

En effet, d'un côté, la grandeur de la France, entendue ici comme vaste contrée, masse considérable de population, richesse du sol et de possessions coloniales, développement du commerce, des arts, de l'industrie, en un mot, génie de perfectionnement et de civilisation, la grandeur de la France, disons-nous, dont nous avons la sauvegarde devant l'histoire et le monde entier, est incompatible avec une forme de gouvernement inhérente, dans son sein, à la faiblesse et à la désorganisation permanentes et progressives, prélude d'un paroxysme inévitable devant agoniser l'Etat et le vouer à l'abîme, à moins, in extremis, d'une réaction salutaire ou d'un spécifique empirique.

D'un autre côté, les souverains d'Europe supporteront-ils indéfiniment dans leur concert une république aussi intempestive et peu en harmonie chez elle, qu'importune et brouillonne au milieu du tourbillon encore trop profondément monarchique de l'Europe? Tolèreraient-ils en outre, sans faire ici bien entendu aucune allusion au gouvernement de M. Jules Grévy, comme Président de la République, tolèreraient-ils, disons-nous, l'arrivée au pouvoir d'un personnel gouvernemental peu sympathique et dont le débordement des idées et des actes pourrait devenir funeste à toute société paisible, par une expansion, tacite ou non, mais toujours difficilement compressible? Enfin, quand nous voyons et nous entendons des orphéons, dans leurs fanfaronnades à travers rues et sur places publiques, tambours et drapeaux en tête, avec

escorte d'une foule nombreuse effrontément claqueuse, chanter
et vociférer : les rois s'en vont ! les rois s'en vont ! la réflexion
suivante ne se présente-t-elle pas naturellement à tout esprit sé-
rieux et non affolé : Prenez garde, car un peu plus tôt, un peu
plus tard, à moins d'un changement de régime, quelqu'un ou
quelques-uns des monarques pourront bien s'en partir, mais pour
venir nous mettre à l'unisson sous quelque Hoenzohlern, après
nous avoir taillés en pièces et rançonnés, cette fois, impitoyable-
ment.

Mais alors nous dira-t-on : notre réorganisation militaire est
une gaucherie ? Grand Dieu ! non ; en tant que les chefs les plus
expérimentés seront à la tête de nos armées et que l'âme de la
défense aura pour devise guerrière : Dieu et Patrie ! bravoure et
discipline !

D'ailleurs quels actes voyons-nous s'accomplir sous cette république ? Tous ceux qui la sapent à sa base :

1° Un suffrage universel non assez patriotiquement inspiré ni
assez honnêtement pratiqué pour le bien général du pays et pour
le choix des bons cœurs et des esprits droits, solides, capables
et dignes. Un suffrage universel même des plus aveugles et des
moins libres, du moment qu'il se laisse éblouir par le miroite-
ment de faux brillants, de fallacieuses et flatteuses solutions sociales dont savent l'enivrer certains habiles démagogues ; du
moment aussi qu'il se laisse en quelque sorte recruter, enrégi-
menter et supputer d'avance, sous des chefs de file qui l'égarent
et dont les plus habiles n'ont au fond d'autre patriotisme que
leur ambition personnelle, ambition aveugle, en vrai sens politique, et imprévoyante des terribles éventualités subséquentes
pour la nation.

2° Une démocratie intempérante qui, d'une part, au sein d'une
grande assemblée d'élus en majorité républicaine, a repoussé
toute immixtion hétérogène, en invalidant de parti pris le plus
grand nombre des députés sages, éclairés et conscients des
grandes vérités sociales ; qui, d'autre part, a poursuivi le même
errement politique à l'occasion du renouvellement partiel de la
haute Chambre des sénateurs. Une démocratie autoritaire qui,
pourchasse ouvertement au grand jour, la curée des places aux

portefeuilles, et dans l'ordre soit administratif, soit judiciaire, soit même militaire, en supplantant les capacités les plus dignes, les plus honorables et les plus expérimentées.

3° Enfin une liberté et une fraternité si mal comprises et si mal entendues qu'elles deviennent une exhubérance d'insolence et d'arrogance, de grossièretés et d'irrespectuosité, d'insultes et de tumulte, de jalousie et de haine, de prétentions et d'ambitions aussi dérisoires qu'innombrables. Que l'on considère en effet de près ce qu'est la multitude dont le plus grand nombre est assujetti au travail, et l'on reconnaîtra sans peine qu'elle est faite pour être gouvernée et nullement pour gouverner les autres; et qu'avec une discipline faible et relâchée l'on fait place à la licence. Rome a péri par les mains du peuple; il ne faut que lire les histoires de Florence, de Gênes, etc., pour y voir un tableau au vif des malheurs que les républiques éprouvent de la multitude lorsqu'elle veut gouverner. Le but de la politique intérieure doit être la concorde et la paix parmi les individus, au lieu que notre république entretient la haine des partis et multiplie au contraire elle-même le nombre des divisions.

En outre quoi conclure au fond de cette avalanche de discours que le petit nombre des habiles dissémine, de temps à autre, par toute la France, si ce n'est que le char républicain ne roule pas sans renfort, sans promesses, sans concessions. Eux, les timoniers du moment, éprouvant toute la lourdeur de la charge; nous nous abstiendrons de dire ce qu'ils en pensent avec franchise et désintéressement quand ils disent tout haut : « La con- « quête de la République est faite, mais non encore la possession. « Les difficultés commencent » etc.; or présentement la possession est déclarée acquise, les difficultés ont commencé et la guerre Africaine aussi en attendant peut-être l'Européenne, ainsi que les largesses budgétaires à profusion de millions sans oublier les fortes réclames à la France de millions d'indemnités, etc. Nous nous abstiendrons de dire ici ce qu'en diront un jour ceux qui n'en disent rien. Tout simplement nous ferons les réflexions suivantes :

A l'heure actuelle, en effet, les difficultés ont commencé; mais, grand Dieu ! quel achoppement et quel fourvoiement dès les premières tentatives de revirement insensé de l'ancien ordre de choses sagement établies ou tolérées, à l'avantage du pays. Ne nous illusionnons donc pas ; car les plus périlleuses difficultés sont encore à surmonter et soit que le char poussé par l'affolement républicain grimpe la rampe, soit qu'il descende la pente, le précipice est inévitable : *Nulla manus ferri constans, nec leo, summâ vi, tenebunt.* Traduisez : Aucune main de fer tenant bon, aucune force de lion ne le retiendront.

Enfin ne nous laissons plus longtemps berner par une prétendue sagesse qui tend à omettre Dieu à l'école, dans la famille, et jusque dans sa propre maison, l'Eglise, dont on cherche à évincer les plus fidèles serviteurs.

En résumé donc, la république d'aujourd'hui n'est guère susceptible de longévité, par pensées, par paroles, par actions, par omissions et par sa plus grande faute qui est le manque de vertu ; car il ne peut y avoir de bonheur du peuple sans vertu !

Après avoir ainsi réprimé la république d'aujourd'hui comme fragilité gouvernementale, nous n'avons plus qu'à dire un mot des vrais sentiments républicains. Pour nous, les vrais républicains sont ceux qui séduits soit par l'étude de la belle antiquité, soit par des théories spécieuses sur les mots : liberté, égalité, fraternité, soit enfin par l'orgueil naturel à l'homme de sa dignité et de sa grandeur morale, veulent, en haine de l'arbitraire inhérent à la monarchie, une république modérée, une démocratie sagement tempérée, comme forme de gouvernement la plus parfaite et la plus digne d'une grande nation.

Sans doute la vraie république est en théorie la forme de gouvernement la plus parfaite. Mais les Français réunis en masse et agités par leurs passions ne peuvent pas être régis par les théories les plus belles, et dans la pratique ils ne peuvent avoir les meilleures formes de gouvernement que lorsqu'ils en ont dans les mœurs tous les éléments.

Le bonheur de l'homme est la fin de la société, et la forme du gouvernement n'est que le moyen. Lors donc que la forme ne peut conduire à la fin, quelque parfaite que soit cette forme, il faut lui en substituer une autre, même moins parfaite, parce qu'on ne doit jamais sacrifier la fin au moyen.

Or la France tout en s'acheminant progressivement vers la République vraie, n'a pas encore les mœurs propres aux formes républicaines et elle ne peut vivre longtemps en république pour plusieurs raisons déjà connues et d'autres qui se dérouleront bientôt dans l'article deuxième de ce travail.

Ceux qui, en diverses reprises, ont, jusqu'à nos jours, voulu donner une république à la France, avaient sans doute mal constitué cette république ; mais nous irons jusqu'à dire que, quand même de nos jours on lui donnerait une république mieux constituée, la France ne pourra la supporter que temporairement, parce que ses mœurs n'y sont point préparées. On ne peut pas davantage lui donner aujourd'hui pour longtemps une république, que lui rendre la monarchie absolue ; parce que si celle-ci ne lui convient plus, l'autre ne lui convient pas encore.

Nous avons donc dû également réprimer les républicains qui veulent donner à la France une forme de gouvernement qui ne lui convient pas encore. Mais, pour leur juste satisfaction, dans la constitution du nouveau drapeau, nous conserverons même à son centre, l'emblème national des trois couleurs, représentant la sauvegarde de leur dogme politique fondamental : la souveraineté nationale avec ses droits et devoirs.

§ II.

Au milieu donc du dédale des partis qui existent et que nous venons de réprimer, hâtons-nous de saisir, pour fil conducteur, la raison politique. A l'aide de ce guide, cherchons à aboutir à la seule issue gouvernementale et stable possible, celle qui est en harmonie avec la situation géographique et les mœurs actuelles de la nation.

D'abord par sa situation au centre de l'Europe, bien différente en cela de celle des Etats-Unis, la France se trouve toujours plus ou moins entraînée dans le tourbillon des formes de gouvernement des principaux Etats voisins. Et quand ces principaux Etats, et la France elle-même, ne se trouvant pas suffisamment arrondis dans leurs limites, nourrissent le secret dessein de se faire la guerre et de s'agrandir au détriment les uns des autres, il faut nécessairement à notre pays une armée permanente, pour défendre son indépendance et il faut à une armée permanente un seul chef, parce que le commandement partagé entre plusieurs, produit la guerre civile. De là dérive au plus haut degré le besoin en France du principe de monarchie héréditaire, parce qu'un chef unique qui dispose de toute la force armée peut devenir monarque héréditaire, du soir au lendemain, et qu'il vaut mieux le faire tel que de le laisser se faire tel lui-même par un coup de force toujours suivi de grands maux. En effet un chef militaire unique ne peut jamais être dépouillé du commandement, tant qu'il veut le garder. Il faut donc le lui donner indéfiniment, pour ne pas le lui laisser prendre violemment ; et si on le lui donne pour toute sa vie, il sera tenté de le transmettre à ses enfants. Mais un chef unique et héréditaire, qui dispose de toute la force publique n'exécute pas les lois, s'il n'a pas concouru à leur formation. Il faut donc lui donner une part à la législation et en faire un roi ; car un roi ne diffère d'un premier magistrat, que parce qu'il participe à la législation et qu'il exerce une portion de la souveraineté.

Ce principe monarchique en France s'impose au-dessus même de la volonté nationale, parce que la nécessité de pourvoir à son indépendance, prime le droit, chez une nation, de se gouverner. L'indépendance est en effet le premier des biens pour un peuple ; tandis que la forme de son gouvernement n'est que le second, puisqu'il a besoin d'exister avant que de vouloir exister sous une forme ou sous une autre.

D'un autre côté, l'unité et l'hérédité du pouvoir sont tellement conformes à nos mœurs françaises, que celles-ci ne peuvent s'harmoniser ni avec l'universalité souveraine, ni avec la temporanéité ou instabilité gouvernementale qui sous le régime de la république en est la conséquence. En effet l'universalité souveraine, c'est-à-dire la souveraineté du peuple, voulant seule régner par le suffrage universel, ne saurait être de longue durée en France. La richesse et l'instruction, surtout l'instruction morale et politique, n'y étant point encore suffisamment répandues dans toutes les classes de la société, le suffrage universel ne peut être ni assez libre, ni assez éclairé, ni assez honnêtement pratiqué. La nation en l'exerçant le gâte et le prétendu gouvernement du pays par le pays, dégénère en démagogie ou anarchie, en lutte sourde du pauvre contre le riche, de l'inepte contre le capable, de l'homme sans foi contre l'homme vertueux. En outre la tempo-ranéité ou instabilité gouvernementale qui en résulte, soulève chez nous tant d'ambitions, que le pays est sans cesse agité et troublé par les factions qui se forment et qui dépravent les cœurs. La confiance dans les affaires fait défaut, le commerce est sans essor. A chaque jour est dévolu l'inconnu de son lendemain. Au caractère mobile, inconstant du français, il faut opposer la plus grande stabilité possible des institutions. Il ne faut pas que la première place soit briguée.

Sans doute il serait vraiment à souhaiter, que nous eussions dans nos mœurs tous les éléments nécessaires pour être régie par la plus belle des institutions, le suffrage universel. Mais dans la pratique, avons nous déjà dit, les hommes réunis en masse et agités par leurs passions ne peuvent pas toujours avoir la meilleure forme de gouvernement. Le bonheur est la fin de la société et la forme de son gouvernement n'est que le moyen. Lors donc que la forme ne peut pas conduire à la fin, quelque parfaite que soit cette forme, il faut lui en substituer une autre même moins parfaite, parce qu'on ne doit pas sacrifier la fin au moyen. En outre tant que les nations de l'Europe auront encore des formes de gouvernement surtout monarchiques ; qu'encore mal arron-dies et mal en équilibre, elles auront des motifs de se faire la guerre ; qu'elles seront éloignées d'avoir un tribunal commun pour régler leurs différents et pour se passer d'armées perma-nentes, la république en France ne sera qu'une fragilité politi-que ou un expédient de circonstance. Mais ici hâtons-nous d'ajouter : la république pourra être un jour le gouvernement définitif de l'Europe sagement démocratisée et fédéralisée. Le projet d'une fédération générale en Europe n'a-t-il pas déjà été conçu jadis par Henri IV ; et l'Europe en république n'a-t-elle pas été dans les prévisions de Napoléon Ier ?

D'ailleurs les expositions universelles, les sentiments de paix, de solidarité, de fraternité internationale qu'elles inspirent, les fêtes et les congrès humanitaires qu'elles suscitent, ne sont-ils pas des tickets de fédération générale ?

Soit donc que l'on considère la France en elle-même ou dans ses rapports extérieurs, le principe de monarchie héréditaire doit encore aujourd'hui servir de pierre angulaire à notre édifice social. La nécessité de ce dogme politique pour donner à la France un gouvernement définitif, est telle, que l'éligibilité des monarques qui en ferait une monarchie élective, serait un fléau pour la nation. N'avons-nous pas l'exemple de la malheureuse Pologne, devenue par sa royauté élective la proie des autres puissances ?

Toutefois l'expérience par trop exclusive et par trop absolue qui a été faite de ce premier dogme fondamental, ayant été entachée d'abus d'arbitraire, de despotisme, de servilisme et d'oppression des libertés, la révolution est survenue et celle-ci sapant l'ancienne unité et perpétuité royales, dans la personne de la plus noble et plus innocente victime qui a payé de son sang les fautes de ses prédécesseurs, la révolution, disons-nous, est survenue et nous a proclamé bien haut un second dogme, celui de la souveraineté du peuple. Mais la souveraineté du peuple ne devant être au fond chez nous qu'une force invincible de juste revendication des droits et du bien public, n'est point faite pour régner et quand elle veut régner elle marche fatalement à la démagogie et à l'anarchie.

Au sein de la révolution a surgi dans la famille des Bonaparte une seconde maison de France dont le rôle n'est plus de régner par le césarisme qui a abouti aux catastrophes désastreuses et de rapetissement de la France.

Nous voici à cette place avec tous les partis réprimés, l'ancienne unité et hérédité royales sapées, la souveraineté du peuple ne pouvant régner, le césarisme repoussé. Quel va donc être le fil d'Ariane qui va nous guider pour sortir d'un tel chaos ou néant et nous amener à établir les bases d'un gouvernement nouveau en harmonie avec la situation actuelle ?

C'est la suprême expression synthétique suivante qui émerge de près d'un siècle de révolution :

Hérédité relative au bien du peuple ;
Dualité de maison en France !

Et c'est par le : *Cuique suum* et *suum loco*, c'est-à-dire, en faisant la part de chacun et en mettant chacun à sa place, que l'on pourra aboutir à la nouvelle forme gouvernementale. Le sort qu'a eu la restauration monarchique de 1815, dans la personne de Charles X, par suite des ordonnances de Juillet, vient à l'appui ; la fusion de Frohsdorff la favorise ; le prestige du jeune prince impérial sapé par la saghaie des Zoulous le simplifie ; la république qui se fraie elle-même le chemin de la déconsidération la rend nécessaire ; enfin la révolution, âgée de 90 ans, la réclame pour sa mise en retraite.

Que l'on se pénètre bientôt du principe fondamental suivant :

« L'autorité monarchique et la souveraineté du peuple ne sont point ennemies et ne doivent ni se combattre ni se détruire. Au contraire c'est dans leur coexistence et leur parfaite corrélation de droits et de devoirs que réside aujourd'hui le gouvernement en harmonie avec la situation de nos mœurs. »

L'autorité monarchique et la souveraineté du peuple coexisteront dans la puissance législative. La raison première de leur justice devra être la reconnaissance et le respect des droits de chacune d'elles ainsi que de chacun. Or une telle reconnaissance et un tel respect renferment non-seulement l'organisation des hauts pouvoirs mais en outre la garantie de l'indépendance et de la paix au dehors, de l'ordre, de la sécurité et de la liberté au dedans, en un mot le bonheur du peuple.

Nous résumons ensuite aux termes suivants la parfaite corrélation qui doit exister entre l'autorité monarchique et la souveraineté du peuple. « Quoique la permanence à vie du monarque sur le trône et l'hérédité dans sa famille soient d'une nécessité absolue, comme dogme politique fondamental et constituent le premier droit du souverain régnant, cette permanence et cette hérédité, désormais en présence de la souveraineté du peuple, considérée ici comme limite invincible du pouvoir monarchique abusif, ne pourront plus être que relatives à l'accomplissement du devoir de bon roi pour le bien du peuple. D'autre part, à titre de réciprocité, quoique le suffrage universel constitue le premier droit de la nation, une telle institution désormais en présence de l'autorité monarchique reconnue comme limite légitime des caprices du peuple, ne devra plus être que relative à l'accomplissement du devoir de bon citoyen. »

Les gouvernements sont établis en effet dans l'intérêt des peuples et c'est pour faire le bonheur de leurs concitoyens que les monarques doivent régner. « Sachez, disait Sénèque à l'Empereur, que la République ne vous appartient pas, mais que vous appartenez à la République. » Le devoir suprême des monarques, le caractère propre de leur grandeur est donc d'être consacrés au bien public et l'instant qui les élève sur le trône les dévoue à l'oubli d'eux-mêmes, à la liberté publique, au bien être moral et matériel de la nation.

D'un autre côté, est bon citoyen celui qui a une volonté libre, éclairée par la raison et inspirée par l'amour et pour le bien de la patrie. Il est ainsi parfaitement digne de représenter une fraction de la souveraineté nationale, soit en contribuant directement à son exercice, comme délégué, soit par délégation, comme électeur. De là résulte la nécessité, nous ne dirons pas de restreindre le suffrage universel, mais de l'éplucher, de l'établir dans sa véritable acception du mot, de l'asseoir en un mot sur sa vraie base, en le limitant à tout bon citoyen offrant la garantie des conditions premières précitées, pour constituer alors dans toute sa force la souveraineté de la nation ainsi que sa délégation souveraine, par l'expression du suffrage (1).

Une telle délégation, représentant ainsi dignement le pays, aurait à élire, dans son double sein de chambre des députés et des sénateurs (réserve faite pour l'inamovibilité), un nombre égal de cinq de ses membres les plus judicieux, pour l'institution d'un comité de surveillance et de contrôle tacites des actes du gouver-

____

(1) Une ignorance crasse chez un cerveau peu développé qui ne connaît ni les choses ni les personnes ne peut être l'apanage d'un bon citoyen.

Un homme qui tient tripots démoralisant la société n'est pas bon citoyen non plus. A un ouvrier fainéant, fuyant le travail, mendiant, qu'on laisse la perspective de devenir par le travail bon citoyen, mais qu'on ne le considère pas pour tel, etc., etc.

nement. Si ces actes devenaient abusifs, c'est-à-dire contraires
au bien du peuple, de sages et respectueux avis seraient d'abord
officieusement donnés au haut pouvoir par le dit comité national
de surveillance. Mais quand, malgré ces représentations, les
abus se continueraient obstinément, rapport serait présenté par
le comité des dix aux deux chambres, lesquelles, après avoir
discuté en première délibération les allégations contenues dans
un tel rapport, exprimeraient ensuite par le scrutin ce qu'on
pourrait appeler un vote de déférence de réprobation publique des
actes gouvernementaux. Un tel vote permettrait encore au monarque de régner, en amendant ses actes, ou, à défaut de vouloir
les amender, de se démettre volontairement du trône, en abdiquant en faveur du premier prince héritier du sang. Subséquem-
ment à la promesse d'amendement, sur la présentation d'un
nouveau rapport des dix, s'il y avait lieu par la persistance
opiniâtre du monarque dans les mêmes errements, on passerait
à une deuxième délibération dans les deux chambres qui procè-
deraient alors à un vote de blâme, lequel vote ne laisserait d'autre
alternative au monarque que l'abdication forcée dans un bref délai. Enfin si le premier héritier de la couronne se refusait ou ne
promettait pas, en prenant les rênes de l'Etat, d'avoir pour seul
objectif le bien et le bonheur du peuple, les chambres pourraient,
en troisième délibération prise après un délai déterminé, voter
finalement la déchéance de la famille régnante.

Toutefois dans ce dernier cas, pour comble de mesure de prudence, après qu'il aurait été élu une commission temporaire de
gouvernement, les Chambres seraient prorogées de fait et appel
serait fait à l'opinion générale du pays qui déciderait en définitive
s'il y a suffisamment lieu, en admettant l'existence de deux maisons de France, à la déchéance de la première et au passage ou
transmission du pouvoir monarchique entre les mains du premier
prince héritier de la seconde; pouvoir qui serait conservé héréditairement tant que le bien du peuple serait respecté, ce qui
sans doute serait pour longtemps. Si jamais le bonheur du peuple
était méconnu, cette seconde autorité monarchique aurait à en-
courir les mêmes péripéties que la première, à laquelle on revien-
drait et vice-versâ.

Sans doute, la sagesse conseille de tolérer certains abus, quand ils tiennent plus à la faiblesse qu'à la méchanceté humaine, parce que les révolutions politiques entraînent toujours après elles de plus grands abus encore. Mais quand un monarque abuse obstinément de son pouvoir et qu'on a essayé de tous les moyens paisibles et légaux pour l'empêcher d'en abuser, alors le droit de lui ôter le pouvoir est fondé et nécessaire ; à condition de respecter l'hérédité dans la personne du premier prince héritier du sang, suivant la mesure de prudence énoncée. Comme aussi d'un autre côté, quand cette nécessité n'existe pas, quiconque attente à un gouvernement légitime, commet le plus grand des attentats, le parricide de la mère commune de tous les citoyens, celui de la patrie. De ce dernier cas dérive le droit pour l'autorité monarchique de dissoudre les Chambres qui feraient une opposition systématique à la marche régulière et bien intentionnée du gouvernement et de faire un nouvel appel à la nation qui prononcerait son verdict par de nouvelles élections.

§ III.

Puisque l'autorité monarchique et la souveraineté du peuple doivent coexister et vivre en parfaite corrélation de pouvoir, la seule forme définitive de gouvernement, susceptible aujourd'hui d'effacer les partis, de rallier tous les conservateurs de l'ordre social et de préserver notre chère patrie du plus grand des périls, est la forme monarchique et nationale à la fois, c'est-à-dire la parfaite intelligence des droits et des devoirs de l'autorité monarchique, d'un côté, des droits et des devoirs de la souveraineté du peuple, de l'autre.

Sous une telle forme, le seul drapeau convenable à la France sera aux couleurs blanches monarchiques et tricolores nationales, emblêmes de l'indépendance au dehors et des drois de l'homme au dedans. Comme la France est la fille aînée de l'Eglise, l'union de ces couleurs devra être chrétiennement cimentée par les signes héraldiques, disposés en croix, de la maison de France régnante. Tel, l'étendard blanc de l'indépendance porterait à son centre un blason tricolore et serait croisé par les fleurs dorées de lis, ou, que savons-nous, par les abeilles d'argent, en expectative dans le fond du drapeau.

La dite forme de gouvernement exclut la doctrine du droit divin, et du pouvoir absolu, qui fait résider nécessairement le pouvoir dans un individu ou dans une famille.

Pour la réprésentation du principe d'unité et d'hérédité, suivant le nouveau mode d'organisation des hauts pouvoirs que nous avons indiqué, la France possède deux grandes familles, celle aînée des Bourbons qui a présentement, depuis l'entrevue de Frohsdorf, pour lignée héréditaire, la digne et bien aimée famille princière cadette des d'Orléans et celle des Napoléon.

Nous avons la ferme espérance que ces deux maisons de France survivront indéfiniment et nous aimons à croire qu'elles seront toujours fidèlement dévouées au service, aux nouveaux besoins et au bonheur du pays. La coexistence de ces deux maisons, dont l'une règnera héréditairement, tant qu'elle n'aura pas démérité du trône, à l'exclusion de l'autre qui recevrait une dotation annuelle d'Etat, à l'honneur du pays, et serait tenue hors d'état de devenir factieuse, doit se présenter à la pensée comme une imitation perfectionnée du système anglais ; et comme fusion des partis, mettant fin aux révolutions.

Enfin quel est le devoir d'honneur et de civilisation pour la France, relativement à la priorité à accorder pour l'occupation du trône, entre ses deux maisons, et même relativement au choix personnel du prince, leur premier représentant ?

L'un, peu sympathique par ses antécédents politiques, est l'héritier de deux seuls grands noms tout modernes et dont les ambitions et les règnes plus ou moins absolus et plus ou moins glorieux, après avoir eu à leur origine un 18 brumaire et un 2 décembre, se sont engloutis à leur fin, dans les catastrophes de Waterloo et de Sedan.

L'autre, grand cœur loyal et français, respecté de tous, est le dernier descendant de l'hérédité légitime existant depuis Henri IV dans la famille des Bourbons, qui lui-même avait succédé à Henri III, dernier descendant de la branche des Valois, collatérale de la branche directe des Capétiens élevée au trône en 987.

N'est-il pas déjà équitablement concluant que des deux princes celui qui a le plus grand droit à représenter l'idée monarchique et à monter le premier sur le nouveau trône de France est le dernier descendant de la branche aînée des Bourbons, l'héritier du sang de nos anciens rois qui ont fait la France grande et respectée ?

Mais opposera-t-on : « Henri de Bourbon est-il de nature à cimenter l'union du passé et du présent ? »

Sa grandeur de caractère et de loyauté ne peut faire doute à personne, pas plus que son amour pour la France. Par ce que nous connaissons de ses écrits, il a devancé tous les esprits de son temps ; il a prévenu les pensées, les désirs de notre société moderne. C'est là un gage d'honneur et le plus sûr garant qu'il les satisfera et les réalisera jusqu'à la limite conforme à la fois aux droits de l'autorité monarchique et de la souveraineté nationale.

Monsieur le comte de Chambord a écrit le 23 janvier 1851, à Berryer :

« L'égalité devant la loi, la liberté de conscience, le libre accès pour tous à tous les emplois, à tous les honneurs sociaux ; tous les grands principes d'une société éclairée et chrétienne me sont chers et sacrés comme à vous, comme à tous les français. »

C'est encore lui qui a écrit à M. le duc de Lévis, le 12 mars 1856 :

« Exclusion faite de tout arbitraire — le règne et le respect des lois, l'honnêteté et le droit partout. Le pays sincèrement représenté, votant l'impôt et concourant à la confection des lois, les dépenses sincèrement contrôlées, la propriété, la liberté individuelle et religieuse inviolables et sacrées , l'administration communale et départementale sagement et progressivement décentralisées, le libre accès pour tous aux honneurs et avantages sociaux, telles sont à mes yeux les véritables garanties d'un bon gouvernement. »

Le 5 juillet 1871, le manifeste daté de Chambord, résumait ainsi sa politique :

« Dieu aidant, nous fonderons ensemble et quand vous le voudrez, sur les larges assises de la décentralisation administrative et des franchises locales, un gouvernement conforme aux besoins réels du pays. Nous donnerons pour garantie à ces libertés publiques auxquelles tout peuple chrétien a droit, le suffrage universel honnêtement pratiqué et le contrôle des deux chambres. »

Auparavant, le 8 mai 1871, Monsieur le comte de Chambord s'était écrié : « La parole est à la France. »

Enfin dans les premiers jours de juillet 1874, a paru un manifeste adressé aux français par Henri de Bourbon et dans lequel il est dit : « Il n'est pas vrai que ma politique soit en désaccord avec les aspirations du pays et que je place le pouvoir royal au-dessus des lois. »

Heureuse la France d'avoir en perspective un tel premier roi ! Heureuse encore la France d'avoir sous la main, en toute éventualité de choses, les dignes princes d'Orléans ! Heureuse enfin la France d'avoir un prince de la révolution qui ne saurait déroger à la devise : « Tout pour le peuple. »

Français donc, si nous sommes encore animés du sentiment généreux le plus héroïque de tous, l'amour de la patrie ; si la prospérité, la sécurité, la dignité, la grandeur et tout le cortège des libertés fécondes nous sont encore chers, sous les fugaces septennats que nous voyons expirer avant terme, rallions-nous tous, et tournons nos regards vers l'aurore la plus brillante de paix, en dirigeant nos pensées vers le prince qui a le plus grand droit à nous gouverner et qui attend avec la plus noble dignité l'appel de son peuple dont il a à cœur la félicité !

A l'expiration complète ou anticipée de quelque septennat, du présent peut-être, le moment viendra, croyons-nous, où nos deux chambres réunies en assemblée nationale, discutant le besoin de révision de la constitution actuelle et le niveau précis de notre tempérament politique, se prononceront, en majorité compacte, pour la forme modérée monarchique et nationale.

La conséquence d'un tel vote sera de délibérer ensuite de concert avec le représentant de l'idée monarchique, le pacte fondamental entre le passé et le présent, lequel ne saura être que la parfaite intelligence de l'autorité et de la liberté.

Plaise donc au ciel que l'on soit bientôt pénétré de cette sage maxime :

L'autorité monarchique, la liberté du peuple et la souveraineté

nationale ne sont point ennemies et ne doivent ni se combattre ni se détruire ; au contraire c'est dans leur coexistence et la juste mesure ou parfaite intelligence de leurs droits et devoirs de corrélation entre elles, que doit être fondé le bonheur de la France !

Le nouveau drapeau dépeint et décrit ci-après en est l'exhibition la plus impartialement concordante, au milieu de la divergence des opinions et des compétitions, et la mieux en harmonie avec la situation post-révolutionnaire de notre pays.

DESCRIPTION DU DRAPEAU.

La France, aimant par dessus tout la liberté, doit être indépendante, c'est-à-dire, n'être assujettie à aucune autre puissance; car sans indépendance il n'y a pas de liberté.

L'indépendance, comme premier bien de la nation, est le plus dignement et le plus largement symbolisée par la couleur blanche qui fait le fond du nouveau drapeau.

Au centre même du drapeau est l'emblème national tricolore représentant les droits et les devoirs du peuple ; représentant surtout sa force invincible et de déchéance légale contre l'oppression systématique ou l'abus d'arbitraire gouvernemental.

Comme la France, ainsi que nous l'avons exposé, est monarchique par dessus même la volonté nationale, les deux emblèmes déjà décrits sont sous la sauvegarde des signes héraldiques des deux maisons de France que nous avons reconnues. La première, représentée par les fleurs dorées de lis, règnerait héréditairement, tant qu'elle n'aurait pas été déchue légalement. La seconde, représentée par les abeilles d'argent, serait en expectation, jusqu'à ce que la première eût démérité, pour être appelée à occuper sa place, et *vice-versà*.

Enfin l'ensemble de ces emblèmes se trouve sous le signe de la croix, formé par la disposition des signes héraldiques de la maison de France régnante, signe chrétien qui est le plus beau fleuron moralisateur et civilisateur de la Nation, fille aînée de l'Eglise.

Telle est à grands traits, la description du nouveau drapeau. Il forme à lui seul une constitution tacite et donne juste satisfaction à tous les partis et à chacun des prétendants ; à savoir :

1° Aux républicains, par l'emblème des trois couleurs qui sauvegarde la souveraineté du peuple en qui réside en définitive la puissance de déchéance contre le monarque qui ne serait pas dévoué au bonheur de la Nation ;

2° Aux partisans de la légitimité et au comte de Chambord lui-même, ainsi qu'aux princes d'Orléans qui ont opéré leur fusion, par le fond blanc du drapeau, par les fleurs de lis et par l'avènement d'emblée sur le nouveau trône de France ;

3° Aux bonapartistes et au prince premier héritier des Napoléon, par les trois couleurs de l'étendard, par le rang de seconde maison de France que lui réserve, comme raison suprême de la révolution, la place en expectative sur le fond du drapeau, des abeilles d'argent, signe héraldique des Napoléons, et aussi par une juste dotation annuelle d'Etat, qui serait inhérente à cette expectation patriotique.

4° Enfin à tous indistinctement, par la sanction chrétienne.

Que l'on se représente un moment par la pensée tous les honnêtes gens des divers partis sans distinction, pénétrés, confus même de la discorde sociale, vrai obstacle à la liberté, du malaise général, de la faiblesse relative de l'Etat, que suscite et entretient l'esprit de division en France ; que l'on se représente, disons-nous, la masse honnête et sensée des citoyens qui n'ont d'autre ambition que l'amour et le bien du pays, abdiquant avec fierté et courage toute opinion mesquine de parti, pour se confondre et se ranger en un seul et grand faisceau d'union patriotique, à l'ombre impartiale et vigilante du nouveau drapeau monarchique et national à la fois, et aussitôt surgira l'idée de force et de grandeur de la France au dehors ; et celle de concorde, de franche liberté, de bien être, au dedans ; en un mot l'idée de paix et de fin de la révolution.

Nous objectera-t-on que les partis ne désarment jamais ? Mais pourquoi jamais ! quand ce jamais est anti-libéral et anti-français ?

Au reste, si l'état de ténacité systématique où se trouve aujourd'hui l'esprit de parti, devait rendre impraticable l'idée politique et gouvernementale que nous venons d'émettre, au moins avons-nous la satisfaction de propager une grande vérité, le *besoin d'union patriotique*, et de faire appel à la conciliation, au nom de la liberté, du bonheur et du salut de la France. VIVE L'UNION PATRIOTIQUE ! VIVE LE NOUVEAU DRAPEAU !

Ces vivat qui ont été, à la fin de cette esquisse, aussi vivement sentis que spontanément exprimés, auraient demandé, pour commencer leur première évolution d'acheminement par toute la France, d'être accrochés à un train moins rapide d'actualité politique électorale.

Aujourd'hui, 10 août 1881, l'heure est trop proche, en effet, où le pays va procéder aux élections législatives, fixées au 21 du même mois. Néanmoins, malgré les difficultés et l'ingratitude du moment, nous ajouterons, quand même, les quelques lignes qui suivent :

En prévision, à cause que la République n'est pas le dernier mot gouvernemental, d'une urgente nécessité de révision générale de la constitution devant asseoir d'une manière définitive le niveau précis du tempérament politique de la France, sous la forme nouvelle monarchique et nationale à la fois qui est sa vraie arche de salut et de paix ;

En prévision en outre de tirer au plus vite la France de l'état d'isolement et de délaissement où la maintient le régime actuel, et de la mettre dans la condition, par l'appel le plus légitime et le plus sympathique de son premier roi qui est aussi noble de caractère et de loyauté que magnanime de cœur et profond de science sociale pour le bonheur de son peuple auquel il ouvre paternellement ses bras, de la mettre dans la condition, disons-nous, de pouvoir contracter quelque puissante alliance internationale, à l'effet d'écarter ou tout au moins de parer à l'éventualité d'une grande guerre plus désastreuse que jamais, pendant ou après que nos forces auront été, soit plus ou moins longanimement amoindries par les petites guerres africaines, soit plus ou moins décimées par les effets climatériques, soit enfin plus ou moins disséminées sur un très-grand nombre de points de surveillance ou d'occupation ;

En de telles prévisions et de beaucoup d'autres que nous passons ici sous silence, nous devons bien nous garder de faire aux élections prochaines de l'exclusivisme de parti, si gentiment et si hardiment recommandé par nos grands discoureurs du jour.

Montrons-nous au contraire plus larges et plus généreux ; faisons de l'eclectisme social.

Envoyons nos choix des plus dignes personnalités de cœur, de science, de progrès et de raison pratique majeure, pour représenter, non pas une France solitaire, divisée et faible ; mais pour faire une France unie, forte et respectée , sous l'intronisation d'un pacte fondamental, alliant le passé au présent par la parfaite intelligence de l'autorité monarchique et de la liberté du peuple.

MARIÉ D

9 782013 243445